Notice Sommaire Sur L'Organisation Du
Service Postal En France, En 1893

Imprimerie Nationale Publisher

In the interest of creating a more extensive selection of rare historical book reprints, we have chosen to reproduce this title even though it may possibly have occasional imperfections such as missing and blurred pages, missing text, poor pictures, markings, dark backgrounds and other reproduction issues beyond our control. Because this work is culturally important, we have made it available as a part of our commitment to protecting, preserving and promoting the world's literature. Thank you for your understanding.

MINISTÈRE
DU COMMERCE, DE L'INDUSTRIE ET DES COLONIES

DIRECTION GÉNÉRALE
DES POSTES ET DES TÉLÉGRAPHES.

NOTICE SOMMAIRE

SUR

L'ORGANISATION DU SERVICE POSTAL

EN FRANCE, EN 1893.

NOTICE SOMMAIRE

SUR

L'ORGANISATION DU SERVICE POSTAL

EN FRANCE, EN 1893.

INTRODUCTION.

Le fonctionnement du service postal et télégraphique en France est assuré, au 1ᵉʳ janvier 1893, par 7,312 bureaux de poste et par 9,963 bureaux télégraphiques.

La superficie territoriale de la France étant de 528,876 kilomètres carrés et sa population, d'après le recensement de 1891, de 38,343,192 habitants, le public a donc à sa disposition 1 bureau de poste par 5,243 habitants; la relation entre la superficie de la France et le nombre des bureaux postaux ressort à 72 kilomètres carrés par bureau de poste; ces résultats sont indiqués par département dans deux tableaux annexes imprimés à la suite de cette notice.

Le présent album, composé spécialement en vue de l'*Exposition universelle de Chicago*, par la *Division de la comptabilité de la Direction générale des postes et télégraphes*, a pour objet de permettre aux visiteurs de se rendre compte de la répartition, dans chaque département français, des établissements postaux.

Les cartes qui servent de fond au présent travail ont été éditées par l'*imprimerie Oberthür*, à Rennes, dans le *Nouvel atlas postal et télégraphique des départements français*; elles indiquent les bureaux de poste et de télégraphe, les stations de chemins de fer et les routes suivies par les courriers à pied et en voiture.

Les villes sièges de recettes postales composées ont été marquées par un point rouge, les recettes simples le sont par un point vert. Un numéro de la même couleur que la recette indique le classement de chaque recette dans la catégorie à laquelle elle appartient; les dernières classes de chaque catégorie n'ont pas été numérotées, de manière à ne pas multiplier les chiffres, ce qui eût rendu difficile la lecture des cartes.

Enfin, une notice placée en tête de l'album présente l'exposé sommaire de l'organisation des services *sédentaire*, *ambulant* et *maritime*.

Au point de vue postal, les bureaux sont dits *sédentaires*, lorsqu'ils sont établis à demeure dans des immeubles appartenant à l'Administration [1] ou loués par

---

[1] L'État possède des hôtels des postes et télégraphes à Paris, Vichy, Menton, Sedan, Marseille, Toulouse, Bordeaux, Montpellier, Grenoble, Blois, Saint-Maurice-sous-les-Côtes (Meuse), Arras, Calais, Bagnères-de-Bigorre, Versailles, Amiens, Montauban, Hyères et Philippeville.

elle; ils sont, au contraire, appelés *ambulants*, quand ils fonctionnent dans des wagons spécialement aménagés (*wagons-poste*) et attelés aux trains de chemins de fer.

Nous donnerons ici quelques détails sur l'organisation de chacune de ces catégories de bureaux, qui constituent deux branches importantes de l'exploitation postale et télégraphique.

Nous ferons suivre enfin cette étude succincte d'un aperçu sur la constitution des services maritimes postaux, qui ne sont, en quelque sorte, que le prolongement des lignes de bureaux ambulants.

Cette exposition comprendra donc trois divisions :

I. — Le service sédentaire;
II. — Le service ambulant;
III. — Le service maritime.

Chapitre Ier.

Service sédentaire.

Les bureaux sédentaires sont de *plein exercice*, lorsqu'ils participent à toutes les opérations postales; *secondaires*, quand ils n'effectuent qu'une partie de ces opérations.

Au point de vue télégraphique, les bureaux sont divisés en deux grandes catégories : les *bureaux principaux* ou *bureaux de l'État* et les bureaux *secondaires*.

Ces derniers sont établis avec le concours pécuniaire des municipalités intéressées et gérés par des agents étrangers à l'Administration (gérants municipaux, éclusiers, chefs de gare, guetteurs de sémaphores).

Il existe enfin un certain nombre (250 environ) de bureaux télégraphiques d'*intérêt privé* concédés en vertu de l'article 1er du décret-loi du 27 décembre 1851. Ils sont divisés en deux catégories :

1° Ceux qui relient un établissement privé au réseau télégraphique de l'État et sont destinés à la transmission des correspondances entre cet établissement et les divers points desservis par ce réseau;

2° Ceux qui relient entre eux plusieurs points d'un même établissement privé ou plusieurs établissements privés appartenant soit à un même permissionnaire, soit à plusieurs permissionnaires cointéressés. (Décret du 13 mai 1879).

Fusion des services, au point de vue des locaux.
En général, les services postal et télégraphique fonctionnent, en France, dans les mêmes locaux.

Attribution d'un numéro d'ordre à chaque établissement de poste.
Chaque établissement de poste est désigné, indépendamment du nom de la localité où il est établi, par le numéro d'ordre qui lui est attribué sur une nomenclature fournie à tous les préposés de l'Administration.

Dénomination des bureaux sédentaires de poste.
Les bureaux sédentaires de poste sont dénommés, suivant la nature et l'importance des opérations : *recettes de l'État, établissements de facteurs-boitiers de l'État, recettes municipales, établissements de facteurs-boitiers municipaux et bureaux auxiliaires.*

En principe, les recettes sont des bureaux de *plein exercice;* cependant, dans les grandes villes, certains bureaux de quartier ne le sont pas, attendu qu'ils n'effectuent pas le service de la distribution des correspondances à domicile.

Recettes.

Les recettes sont gérées par des agents comptables (hommes et femmes) assujettis à un cautionnement pour garantie de leur gestion (loi du 28 avril 1816) et dénommés *receveurs* (ou *receveuses*), depuis le décret du 27 novembre 1864. Ils portaient, avant cette époque, le titre de *directeur* (ou *directrice*).

Receveurs ordinaires.

Dans chaque département, le receveur placé au chef-lieu a le titre de *receveur principal des postes et des télégraphes.* Il centralise la comptabilité des recettes et des dépenses de tous les bureaux du département, mais sans exercer aucune autorité sur les autres receveurs. Il est justiciable direct de la Cour des comptes. Toutefois il n'est responsable que des faits de sa gestion personnelle et de la validité des pièces justificatives de recettes et de dépenses qu'il a admises dans sa comptabilité, après les avoir reçues des autres receveurs du département. (Ordonnance du 18 février 1827, article 1er; décrets du 27 novembre 1864, article 2, et du 23 avril 1883, article 7.)

Receveurs principaux.

Les receveurs principaux sont, en outre, chargés de recevoir les exploits dont l'objet est d'arrêter le payement des pensions ou provisions de pensions et des mandats délivrés par les directeurs départementaux au profit des agents ou des entrepreneurs de l'Administration. (Loi du 9 juillet 1836, art. 13.)

Ils reçoivent, au même titre, les significations de transport des mandats délivrés au profit des créanciers étrangers à l'Administration, c'est-à-dire de l'attribution du montant de ces mandats à des personnes autres que les titulaires au profit desquels ils sont émis.

Les receveurs principaux étant dépositaires des oppositions pratiquées sur des mandats de dépenses publiques pour sommes saisissables doivent viser ces titres avant qu'ils ne soient présentés au payement. Le visa sans opposition rend les mandats payables, sauf avis contraire, jusqu'à la fin du mois dans lequel le visa a été donné; ce mois expiré, un nouveau visa du receveur principal peut, seul, couvrir la responsabilité du préposé payeur.

Les receveurs principaux centralisent, de plus, toutes les opérations de recettes et de dépenses relatives au service de la Caisse nationale d'épargne postale, afin de ne présenter qu'un seul compte par département.

Ils sont également les correspondants de la Caisse des dépôts et consignations pour les opérations qui regardent la caisse des retraites pour la vieillesse ou bien les assurances en cas de décès et en cas d'accident.

C'est enfin par leur intermédiaire que les receveurs ordinaires s'approvisionnent des timbres-poste qui, depuis le 1er janvier 1849, servent à l'affranchissement des correspondances et dont la fabrication, comme celle de toutes les valeurs fiduciaires postales et télégraphiques, d'ailleurs, a été monopolisée par l'État.

Les recettes sont divisées, suivant leur importance, en deux catégories, les recettes *composées* [1] et les recettes *simples.*

Recettes composées et recettes simples.

Les recettes *composées* comprennent quatre classes; elles comportent des commis titulaires et des dames employées nommés par l'Administration.

Les recettes *simples* ne comprennent, au contraire, que trois classes; leur cadre ne comporte pas de commis titulaires.

---

[1] Les femmes ne peuvent être nommées ni aux recettes composées, ni aux recettes placées soit dans les chefs-lieux d'arrondissement, soit dans les villes où siège un tribunal de première instance ou un tribunal de commerce.

— 4 —

Cette distinction n'a de valeur qu'au point de vue administratif : les recettes *simples* de la dernière classe, comme les recettes *composées* de la première, effectuent absolument les mêmes opérations et rendent au public les mêmes services.

Conversion des recettes.

Les recettes simples peuvent être converties en bureaux composés, d'après l'ordre de leur importance et dans la limite des crédits accordés à cet effet par la loi de finances; des bureaux composés peuvent aussi être créés d'emblée dans les grandes villes, lorsque les ressources nécessaires pour ces créations ont été prévues au budget, et généralement lorsque les communes impétrantes ont pris à leur charge une partie de la dépense.

Dépenses d'établissement d'une recette simple.

Les dépenses résultant de la création d'une recette simple figurent au budget pour 3,053 francs, savoir :

Traitement moyen du receveur.	1,200ᶠ
Frais de régie.	150
Indemnité de service de nuit.	60
Traitement d'un facteur local.	770
Habillement du facteur.	71
Indemnité de chaussure du facteur.	30
Impressions.	100
Timbres, cachets et accessoires.	22
Sacs à dépêches.	20
Transport de dépêches.	600
Frais d'inspection.	30
TOTAL.	3,053

Lorsque l'établissement de poste à créer doit être géré par un facteur-boitier, la dépense est réduite de 1,170 francs (suppression du traitement du receveur; taux de l'abonnement pour frais de régie abaissé à 100 francs; traitement du facteur porté à 850 francs).

Dépenses résultant de la conversion d'une recette simple en recette composée.

La conversion d'un bureau simple en bureau composé entraîne une dépense évaluée, en moyenne, à 12,712 francs, savoir :

Augmentation de traitement pour le receveur.	2,300ᶠ
Traitement de 4 commis auxiliaires.	6,800
—— d'un gardien de bureau.	1,400
Augmentation de traitement pour 3 facteurs locaux qui passent facteurs de ville (traitement moyen porté de 710 à 1,250 francs).	1,440
Augmentation de frais de régie.	390
Habillement du gardien de bureau.	82
Augmentation de loyer.	300
TOTAL.	12,712

Dépenses relatives à la création d'un bureau succursale.

La dépense résultant de la création d'un bureau succursale dans une ville peut être évaluée, en moyenne, à 22,075 francs, savoir :

Traitement du receveur..................................	3,500ᶠ
———— de 2 commis titulaires......................	4,200
———— de 4 commis auxiliaires.....................	6,800
———— de 1 gardien de bureau......................	1,400
———— de 1 facteur leveur de boîtes.................	1,250
Frais de régie...	600
———— de transport de dépêches.....................	1,000
Loyer...	3,000
Habillement du gardien de bureau.......................	82
———————— du facteur...............................	71
Indemnité de chaussure au facteur......................	30
Impressions..	100
Sacs à dépêches......................................	20
Timbres et cachets....................................	22
TOTAL...................	22,075

Ainsi qu'il a été dit plus haut, les recettes composées et les recettes simples sont divisées, les unes et les autres, en classes (3 pour les recettes simples, 4 pour les recettes composées), qui déterminent l'échelle des traitements attribués aux titulaires.

Le classement des bureaux est refait, en général, tous les cinq ans, après chaque recensement. Le dernier classement date de l'année 1892. *Classement des bureaux.*

A cette époque, le nombre des bureaux de poste de plein exercice existant, tant en France qu'en Algérie, s'élevait à 6,760.

Il se décomposait de la manière suivante :

1° FRANCE.

Recettes composées...........	1ʳᵉ classe..........	10	
	2ᵉ.................	35	
	3ᵉ.................	91	
	4ᵉ.................	255	6,584
Recettes simples.............	1ʳᵉ classe..........	230	
	2ᵉ.................	600	
	3ᵉ.................	5,363	

2° ALGÉRIE.

Recettes composées...........	1ʳᵉ classe..........	″	
	2ᵉ.................	2	
	3ᵉ.................	4	
	4ᵉ.................	19	176
Recettes simples.............	1ʳᵉ classe..........	4	
	2ᵉ.................	5	
	3ᵉ.................	142	

TOTAL GÉNÉRAL.............................	6,760

Depuis, il a été créé, savoir :

FRANCE.

Recettes simples 191

ALGÉRIE.

Recettes simples 15

TOTAL 206

Le nombre total des recettes postales actuellement en activité, tant en France qu'en Algérie, s'élève donc à 6,966.

Il y a, en outre, 104 recettes composées à Paris. Ces recettes, ainsi que celles de l'Algérie, font l'objet de classements particuliers.

En tenant compte :

1° Du nombre des recettes composées de Paris.....................	104
2° ——— des facteurs-boîtiers de l'État, soit.	188
3° ——— des recettes municipales, soit....................	34
4° ——— des facteurs-boîtiers municipaux, soit.................	139
Enfin, du nombre des bureaux auxiliaires de poste, soit.............	72
Et en ajoutant à ce chiffre les totaux, précédemment donnés, des recettes de plein exercice, savoir....................... 6,584+191=	6,775
on retrouve le total général des................................	7,312

bureaux de poste fonctionnant en France, au 1ᵉʳ janvier 1893, et figurant à la première et à la dernière page de cette notice.

Le classement est déterminé par l'importance du bureau au triple point de vue des opérations postales, du service télégraphique et de la situation administrative de la localité où il est situé. Cette importance s'apprécie au moyen de coefficients, sur les bases indiquées au tableau ci-après :

ÉLÉMENTS GÉNÉRAUX D'APPRÉCIATION DE L'IMPORTANCE DES BUREAUX. 1		STATISTIQUE PARTICULIÈRE du bureau. 2	COEFFICIENTS À RAISON de 3	par 4
SERVICE POSTAL. Paquets en franchise et manipulation des correspondances.	administrative et judiciaire.	Préfecture..............	1,000	»
		S.-P. sans tribunal civil.	200	»
		Tribunal civil..........	200	»
		Justice de paix.........	100	»
		Cour d'appel...........	400	»
		Cour d'assises.........	200	»
	ecclésiastique.	Archevêché............	400	»
		Évêché................	300	»
	commerciale.	Tribunal de commerce..	100	»
		Chef-lieu de région.....	500	»
	militaire.	Chef-lieu de sub. de rég.	250	»
		Place forte............	150	»
	maritime.	Préfecture maritime.....	500	»
		Sous-préfecture maritime.	250	»
	universitaire.	Académie..............	400	»
Situation postale.		Recette principale......	100	Chaque recette du département.
		Recette................	100	Par bureau auxiliaire rattaché.
		habitants.............	1	100 habitants.
Nombre par jour	de courriers arrivants et partants.	courriers.............	10	Chaque courrier.
	de dépêches reçues ou expédiées.	dépêches.............	10	Chaque dépêche.
	d'enveloppes-dépêches n° 8 reçues ou expédiées.	enveloppes-dépêches.	5	Chaque envel.-dép.
	de facteurs............	facteurs.............	5	Chaque facteur.
	de distributions........	distributions........	10	Chaque distribution.
Nombre par an	de mandats de toute nature et de bons de poste reçus ou acquittés...........	articles.............	10	100 articles.
	d'objets chargés ou recommandés de toute nature déposés aux guichets ou reçus à l'arrivée........	objets..............	10	100 objets.
Contributions et revenus publics.		francs...............	10	100 francs.
Nombre par an	d'effets de commerce {n° 1489 inscrits au registre.. {n° 1489 bis.	objets..............	5	100 objets.
		idem................	10	100 objets.
	d'opérations d'épargne, de retraite ou d'assurance............	opérations..........	10	100 opérations.
SERVICE TÉLÉGRAPHIQUE. Situation télégraphique.	Centre régional (nombre de fils passant par le bureau ou y aboutissant).......	fils.................	100	chaque fil.
Nombre de relais en service.	d'Arlincourt, Wheastone, Baudot, etc., ou translations..	relais..............	100	par relais.
Nombre d'appareils en service.	Baudot, Wheastone......	appareils...........	100	par appareil.
	Hughes................	idem................	30	idem.
	Estienne, Morse, Cadran..	idem................	10	idem.
Coupures de fils télégraphiques.......		fils.................	10	par fil susceptible d'être coupé.
Nombre de	facteurs..............	facteurs............	5	par facteurs.
	transmissions { de départ et d'arrivée.......	transmissions.......	10	100 transmissions.
	{ de transit......	idem................	5	100 transmissions.
SERVICE TÉLÉPHONIQUE. Nombre de	bureaux centraux correspondants reliés directement..	bureaux centraux....	100	par bureau central.
	communications données.....	communications.....	1	100 communications.

Nombre de points représentatif de l'importance du bureau au *31 DÉCEMBRE 18* . (TOTAL GÉNÉRAL).
(*Pour mémoire*) Nombre de points sur la statistique établie au 31 décembre 18 .

Cadres les recettes composées.

Les cadres des bureaux composés comportent, indépendamment du receveur, un ou plusieurs commis titulaires; ils peuvent comprendre, en outre, des commis principaux, des commis, des surnuméraires, des commis auxiliaires, des dames employées, des facteurs et des gardiens de bureau.

A Paris, par exception, le personnel de la Recette principale des postes, du bureau central télégraphique et du bureau télégraphique de la Bourse comprend, indépendamment des commis principaux, des *chefs* et *sous-chefs* de section.

Cadres des recettes simples.

Dans les bureaux simples, le receveur assure le service par lui-même ou avec le concours d'*aides*, qui opèrent pour son compte et sous sa responsabilité personnelle. Les aides sont choisis et rétribués par le receveur et agréés par le directeur départemental. On verra plus loin que des indemnités pour frais d'aide sont allouées, sous forme d'abonnement, à certains bureaux simples.

Lorsque le titulaire ne peut se procurer les aides nécessaires au moyen de l'allocation qui lui est attribuée, l'Administration peut, à titre exceptionnel, lui adjoindre des commis auxiliaires qu'elle rétribue directement.

Cadres des bureaux.

Aux termes de l'article 20 du décret du 23 avril 1883, les cadres des divers bureaux sont fixés par des arrêtés ministériels, dans la limite des crédits budgétaires.

Distributions.

Il y avait autrefois, en France et en Algérie, un grand nombre de bureaux secondaires appelés *distributions*. Les distributeurs avaient les mêmes attributions que les receveurs dont ils *relevaient*, c'est-à-dire auxquels ils rendaient compte des opérations de la distribution; mais ils n'étaient pas comptables; ils ne pouvaient émettre ou payer des mandats de poste français dépassant 50 francs.

Aux termes d'une décision ministérielle du 8 juillet 1873, sanctionnée par la loi de finances du 29 décembre de la même année, les 1,235 distributions de poste qui existaient en France ont été supprimées et converties en recettes simples, à partir du 1" janvier 1874; les 30 distributions d'Algérie l'ont été également en 1882 (arrêté ministériel du 14 octobre).

Aujourd'hui il n'existe plus de bureaux de distribution que dans les Échelles du Levant.

Établissements de facteurs-boîtiers.

Les établissements de facteurs-boîtiers soit de l'État, soit municipaux, sont gérés par des sous-agents qui, indépendamment d'une partie des opérations ordinaires des receveurs, effectuent le service de la distribution des correspondances à domicile. C'est un type économique d'établissement secondaire, qui suffit aux localités peu importantes, où l'on peut se contenter d'un bureau ouvert seulement à certaines heures, mais qui laisse un peu à désirer sous le rapport du contrôle, car les facteurs-boîtiers sont à la fois créateurs et percepteurs de taxes.

Les facteurs-boîtiers font l'office de receveurs dans l'intervalle de leurs tournées; mais ils ne participent pas au service des mandats internationaux ni à celui de la Caisse d'épargne postale. Des facteurs peuvent être placés sous leurs ordres pour coopérer avec eux au service de la distribution à domicile.

Les établissements de facteurs-boîtiers sont appelés à être convertis en recettes, lorsque l'importance de leurs opérations justifie cette mesure et que la situation des crédits budgétaires le permet.

Bureaux auxiliaires de poste.

Les bureaux auxiliaires ont été créés par un décret en date du 7 avril 1887. Comme les bureaux télégraphiques municipaux, ils sont installés aux frais des communes et gérés par des agents présentés par les municipalités et agréés par l'Administration. Ils effectuent directement les opérations les plus simples (vente de timbres-poste, affranchissement, expédition et exceptionnellement distribution des correspondances ordinaires, payement des mandats de 5o francs et au-dessous); pour les opérations plus importantes, ils servent seulement d'intermédiaires entre les habitants des communes de leur résidence et les bureaux dont ils relèvent. Ce sont, en un mot, de simples agences postales analogues aux bureaux secondaires qui existent en bien plus grand nombre dans certains pays étrangers (Grande-Bretagne, Allemagne, Suisse, États-Unis).

Distributions auxiliaires de poste. — Notons enfin qu'il existe, en Algérie, des *distributions auxiliaires*. C'est le type le plus élémentaire des bureaux de poste. Les distributeurs auxiliaires sont choisis parmi les chefs de gare, instituteurs, etc. Leurs opérations se bornent à l'expédition des correspondances et à la distribution au guichet de leur bureau. Ils reçoivent pour toute rétribution une indemnité annuelle de 240 francs par an.

Les distributeurs, facteurs-boitiers, gérants auxiliaires et distributeurs auxiliaires ne sont astreints à aucun cautionnement et n'ont pas de comptabilité propre : ils rendent compte de leurs opérations aux receveurs des bureaux dont ils relèvent et auxquels ils versent l'excédent des recettes sur les dépenses.

Bureaux français à l'étranger. — Comme beaucoup d'autres États européens, la France entretient à l'étranger des bureaux de poste qui ne sont, en quelque sorte, que le complément indispensable des lignes de paquebots-poste subventionnées par l'État. Ils ont été créés, au fur et à mesure de l'établissement de ces lignes, dans les ports d'escale étrangers où n'existait pas de service postal régulièrement organisé. Quelques-uns de ces bureaux ont été supprimés; d'autres ont été créés récemment ou le seront dans un avenir très prochain (1). Aujourd'hui, la France entretient des recettes des postes à Constantinople, Salonique, Smyrne, Beyrouth, Alexandrie, Tanger, Shang-Haï et Zanzibar; des distributions à la Cavalle, Lagos, Dédéagh (relevant de la recette de Salonique); aux Dardanelles, à Samsoun, Kérassunde, Trébizonde (relevant de Constantinople); à Mersina, Alexandrette, Lataquié, Tripoli de Syrie, Jaffa (relevant de Beyrouth); à Tripoli de Barbarie (relevant de Marseille), et à Tien-Tsin (relevant de Shang-Haï).

Les recettes des postes à l'étranger ont, à peu de chose près, les mêmes attributions que les bureaux de poste de plein exercice en France. Toutefois la plupart d'entre elles n'assurent pas la distribution des correspondances à domicile; celle de Shang-Haï ne participe pas au service des mandats internationaux.

Les receveurs des bureaux français à l'étranger sont justiciables directs de la Cour des comptes.

Des commis principaux et des commis sont placés par l'administration dans les bureaux de Constantinople, de Smyrne, de Beyrouth et d'Alexandrie; des auxiliaires (ou des interprètes, sous-agents indigènes, cavas), recrutés par les receveurs, au moyen de l'indemnité de frais d'aide qui leur est allouée, complètent le personnel des bureaux français à l'étranger.

Les distributeurs à l'étranger sont recrutés parmi les chanceliers des consulats, les agents des messageries maritimes et les résidents français. Ils n'ont pas de traitement, mais seulement une rétribution fixe, au moyen de laquelle ils font face à toutes les dépenses du service postal.

Traitements. — Le chiffre du traitement, pour les agents de tout grade, est fixé par décret.

---

(1) Des établissements de poste secondaires vont être créés au Maroc, au cours de l'année 1893. Ces agences postales fonctionneront à Larache, Rabat, Safi, Mazagan, Casablanca, Mogador, Fez et El-Ksar.

3.

En ce qui concerne les receveurs des postes et des télégraphes, les traitements sont déterminés de la manière suivante, d'après la classe des bureaux :

Recettes composées...	1re classe......	7,000^f	8,000^f	
	2e............	5,000	6,000	
	3e............	3,500	4,000	4,500^f
	4e............	3,000	3,500	4,000
Recettes simples......	1re classe......	2,200^f	2,400^f	2,700^f
	2e............	1,600	1,800	2,000
	3e............	1,000	1,200	1,400
	et les 300 premières du classement.			1,600

Allocations diverses attribuées aux receveurs des postes et des télégraphes.

Indépendamment de leur traitement, les receveurs des postes et des télégraphes reçoivent différentes allocations, que l'on peut diviser en deux catégories bien distinctes.

La première de ces catégories comprend les indemnités et remises qui ne sont, à proprement parler, qu'un remboursement des avances faites par les receveurs, tant pour l'exécution du service que pour les frais de gestion.

Les allocations rentrant dans cette catégorie sont les suivantes :

Frais d'aide. — Les frais d'aide sont attribués pour le service postal aux receveurs de bureaux simples, afin de leur permettre de se faire assister, suivant les besoins de l'exploitation, par des aides autorisés à participer aux opérations des bureaux, mais que l'Administration ne rétribue pas directement.

Frais de régie. — Les frais de régie sont attribués aux receveurs pour leur permettre de faire face aux dépenses d'éclairage, de chauffage, d'entretien du mobilier postal, d'achat de papier, ficelle, cire, etc. nécessitées par l'exécution du service.

Comme les frais d'aide, les frais de régie s'accordent sous forme d'abonnement et sont en rapport avec l'importance des bureaux; il est retenu, sur la somme à laquelle sont évaluées les dépenses de gestion, un dixième du traitement du titulaire, en représentation de la valeur locative de l'appartement qui lui est concédé dans l'immeuble loué par l'Administration.

Remises sur les télégrammes d'arrivée, de transit et de départ. — Ces remises sont destinées, comme les frais d'aide pour le service postal, à permettre aux receveurs de se faire assister, dans la mesure réclamée par le service télégraphique, par des aides assermentés.

Le taux de ces remises est uniformément fixé à :

15 centimes par dépêche privée de départ;
10 centimes par dépêche privée d'arrivée;
10 centimes par dépêche privée de transit.
(Arrêté du 14 juillet 1876).

La seconde catégorie comprend les indemnités et les remises que l'on peut, à la rigueur, considérer comme un complément de traitement.

Ces indemnités sont indiquées ci-après :

Indemnités pour service de nuit. — Les indemnités de cette nature sont attribuées aux receveurs de bureaux simples qui, entre 10 heures du soir et 6 heures du matin, ont soit à recevoir, soit à expédier un ou plusieurs courriers. L'indemnité est calculée à raison de 55 centimes l'heure; ce chiffre comprend, toutefois, les dépenses d'éclairage et de chauffage qu'entraîne le service de nuit.

Indemnité pour service supplémentaire entre midi et 2 heures. — Les bureaux simples mixtes doivent être régulièrement fermés au public entre midi et

2 heures. Les receveurs de ceux de ces bureaux qui reçoivent ou expédient des courriers pendant ces heures de fermeture ne bénéficient pas complètement du repos réglementaire. Il leur est alors alloué une indemnité, calculée sur le pied de 100 francs par an, par heure quotidienne de travail supplémentaire.

Remises sur la vente des timbres-poste, cartes-télégrammes et télégrammes fermés. —
Il est alloué une remise de 1 p. o/o aux receveurs des postes et des télégraphes de toutes catégories, sur les timbres-poste vendus directement aux particuliers.

Les receveurs des bureaux composés partagent par moitié les remises de cette nature avec le personnel des agents sous leurs ordres (décision du Sous-Secrétaire d'État des Finances du 30 mars 1878).

La remise de 1 p. o/o est abandonnée par les receveurs aux facteurs et aux débitants de tabac qui s'approvisionnent de timbres-poste à leur guichet.

Enfin, une remise de 1 p. o/o est allouée entièrement aux receveurs de la Seine et de Seine-et-Oise sur le produit de la vente au public des cartes-télégrammes et des télégrammes fermés.

Produit des abonnements du commerce. — Les particuliers sont autorisés à retirer ou à faire retirer leurs correspondances aux guichets des bureaux de poste, moyennant une indemnité dont le montant est débattu avec les receveurs. Dans les bureaux simples, les receveurs bénéficient seuls de cette indemnité ; dans les bureaux composés, l'indemnité est partagée par moitié entre les receveurs et les agents.

Remises allouées pour les encaissements d'effets de commerce. — Une remise de 5 centimes par 20 francs ou fraction de 20 francs est attribuée aux receveurs de toute catégorie sur chaque effet recouvré par les facteurs du bureau. Cette remise ne peut dépasser un maximum de 25 centimes par effet, quel que soit le montant de la somme recouvrée (art. 5 de la loi du 7 avril 1879).

Remises allouées par l'Administration sur les recettes télégraphiques. — Il est alloué aux receveurs des bureaux télégraphiques principaux, fusionnés ou non, des remises sur les recettes télégraphiques. Ces remises sont calculées d'après le tarif décroissant ci-après :

1 franc pour 100 francs sur les premiers 10,000 francs ;
1/2 pour 100 francs sur les 10,000 francs suivants ;
1/4 pour 100 francs sur les 30,000 francs suivants ;
Et 1/8 pour 100 francs sur les sommes au delà de 50,000 francs ;
(Arrêté ministériel du 8 janvier 1885).

Remises allouées pour les opérations de caisse d'épargne. — La Direction de la caisse d'épargne alloue aux receveurs des postes et des télégraphes des bureaux de toute catégorie les remises ci-après :

25 centimes pour chaque nouveau livret ou pour un changement de série ;
5 centimes par opération (versement ultérieur ou remboursement) ;
50 centimes par 1,000 francs versés ;
(Arrêtés ministériels des 16 décembre 1885, 7 décembre 1889 et 29 juillet 1890).

En tenant compte des différentes allocations dont il vient d'être parlé, il est facile de déterminer le montant total des sommes que rapportent les recettes à leurs titulaires.

Produit net des recettes pour les titulaires

Dans les départements, on trouve que :

3 bureaux donnent plus de............................ 15,000ᶠ
4 —————— de....................... 12,000 à 15,000

2 bureaux donnent de............................	10,000 à	12,000
2 ———————— de............................	9,000 à	10,000
6 ———————— de............................	8,000 à	9,000
12 ———————— de............................	7,000 à	8,000
33 ———————— de............................	6,000 à	7,000
64 ———————— de............................	5,000 à	6,000
185 ———————— de............................	4,000 à	5,000
198 ———————— de............................	3,000 à	4,000
617 ———————— de............................	2,000 à	3,000
124 ———————— de............................	1,900 à	2,000
189 ———————— de............................	1,800 à	1,900
219 ———————— de............................	1,700 à	1,800
503 ———————— de............................	1,600 à	1,700
1,038 ———————— de............................	1,500 à	1,600
865 ———————— de............................	1,400 à	1,500
438 ———————— de............................	1,300 à	1,400
503 ———————— de............................	1,200 à	1,300
723 ———————— de............................	1,100 à	1,200
960 ———————— de............................	1,000 à	1,100

NOTA. — Les établissements de poste dont les émoluments varient de 1,000 à 2,000 francs étant de beaucoup les plus nombreux, il a paru utile de les classer par progression de 100 francs, afin de se rendre un compte plus exact du chiffre de ces émoluments.

A Paris, on trouve :

1 bureau donnant plus de................	15,000f [1]	au titulaire.	
4 bureaux donnant de............	9,000 à	10,000	————
4 ———————— de............	8,000 à	9,000	————
8 ———————— de............	7,000 à	8,000	————
21 ———————— de............	6,000 à	7,000	————
37 ———————— de............	5,000 à	6,000	————
16 ———————— de............	4,000 à	5,000	————
1 bureau donnant de............	3,000 à	4,000	————

Frais de mission.

L'article 24 du décret du 23 avril 1883 dispose qu'un agent peut toujours, en dehors de ses attributions normales, être chargé d'office d'une mission spéciale dans l'intérêt du service.

Le taux des frais de missions spéciales et extraordinaires effectuées par les receveurs *à l'intérieur*, en dehors des limites de leur circonscription, a été fixé par un arrêté du Sous-Secrétaire d'État des finances du 31 juillet 1878; un arrêté ministériel du 31 mai 1879 règle le tarif applicable aux missions remplies par ces mêmes agents *à l'étranger*, en vertu d'un ordre de l'Administration.

---

[1] Il est bien entendu que l'on n'a compris dans cette somme, en sus du traitement des receveurs, que les émoluments accessoires qui constituent une amélioration de ce traitement, et non ceux qui ne sont que la représentation de dépenses de gestion.

Chapitre II.

Service ambulant.

(*Les renseignements contenus dans les chapitres II et III sont extraits d'un travail dû à MM. Maury et Labadille, commis à la Division de la Comptabilité.*)

Jusqu'au milieu du xix° siècle, la recette principale des postes de la Seine, à Paris, faisait tous les jours autant de dépêches[1] qu'il y avait de bureaux en France. Ces paquets, renfermant la collection des correspondances, des lettres, des journaux, des échantillons et des imprimés de toute nature, étaient remis aux courriers des malles-poste, qui les distribuaient, chemin faisant, à chacun des bureaux situés sur leur route. De nos jours, cet ancien système a disparu. La construction des chemins de fer a déterminé dans la transmission des dépêches une révolution qui l'a fait délaisser. La vieille malle-poste, avec ses chevaux luisants et polis, son brillant postillon et son conducteur en veste rouge, n'est plus qu'un souvenir du temps passé. Les chemins de fer l'ont remplacée, au grand avantage du commerce et de l'industrie.

Premiers essais des bureaux de poste ambulants.

Vers la fin de 1844, un service d'expédition, de réception et d'échange de dépêches commença à fonctionner sur la ligne de Paris à Rouen. Des fourgons, appartenant à la compagnie, servaient à transporter, entre les points extrêmes de cette ligne, les malles, lettres et dépêches de l'Administration des postes, ainsi que les agents chargés du tri et de la distribution de ces correspondances pendant le trajet.

Généralisation des bureaux de poste ambulants.

A partir de cette époque, les bureaux ambulants se développèrent rapidement. Le 15 avril 1846, ils étaient établis entre Strasbourg et Mulhouse; le 1ᵉʳ septembre suivant, entre Paris et Valenciennes, avec embranchement sur Douai et Lille, et le 1ᵉʳ novembre de la même année sur la ligne de Paris à Tours.

Tous ces services, quoique récents, acquirent bientôt une grande importance et devinrent d'énormes déversoirs.

Les principales lignes qui furent dotées ultérieurement de bureaux de poste ambulants sont les suivantes :

Paris à Lyon.	29 août 1852.
Paris à Chalon-sur-Saône.	29 août 1852.
Paris à Mulhouse et Bâle.	23 juin 1853.
Tours à Nantes (prolongement de la ligne de Paris à Tours).	9 septembre 1853.
Paris à Brest.	16 octobre 1854.
Paris à Limoges.	11 décembre 1854.
Paris à la Méditerranée.	1ᵉʳ septembre 1855.
Paris à Clermont-Ferrand.	20 février 1856.
Paris aux Pyrénées.	15 avril 1856.

On voit que le tracé des bureaux ambulants en activité à cette époque ressemblait déjà à une vaste toile d'araignée, dont Paris représentait le centre géographique, administratif, politique et économique.

Cette centralisation des principales voies ferrées autour de la capitale, siège

---

[1] On appelle *dépêche*, en langage postal, la réunion d'objets de toute nature dans un paquet spécial, portant extérieurement l'adresse d'un bureau correspondant.

des compagnies de chemins de fer, indiquait la marche naturelle à suivre pour l'organisation et l'extension du service postal ambulant.

Malgré les conventions passées avec les compagnies, le concours des chemins de fer n'est pas acquis gratuitement à la poste dans toutes les circonstances. Certains services qui s'exécutent soit par des bureaux ambulants, soit par des courriers, aussi bien que ceux qui sont confiés aux agents des chemins de fer lorsqu'il ne s'agit que d'un simple transport de dépêches closes, sont l'objet de rémunérations spéciales allouées aux compagnies; elles s'élèvent à 1,100,000 fr. par an environ.

C'est l'article 56 du cahier des charges des compagnies de chemins de fer qui règle les conditions relatives à l'exécution du service postal sur le réseau ferré.

Objet des bureaux ambulants.

Tandis que les bureaux sédentaires recueillent et distribuent les correspondances et sont chargés de toutes les opérations dont l'accomplissement met l'envoyeur ou le destinataire en contact direct avec le service des postes, les établissements qui fonctionnent sur les chemins de fer, sous la dénomination de *bureaux ambulants*, sont, au contraire, exclusivement affectés à la transmission des objets de correspondance et n'ont aucun rapport avec le public.

Leurs fonctions consistent à recevoir, au point de départ, les correspondances à destination de toutes les localités du réseau qu'ils desservent; à recueillir, aux gares ou stations d'arrêt de leur parcours, les dépêches qui leur sont adressées par les divers bureaux de poste reliés à la ligne de chemin de fer; puis, dans l'intervalle des stations, à dépouiller successivement les correspondances contenues dans ces dépêches, à en faire le tri et le classement suivant les destinations respectives de ces correspondances et, enfin, à réexpédier les mêmes correspondances, en dépêches closes, aux bureaux avec lesquels ils sont en relation. C'est, en un mot, un service de *passes* en permanence sur toute l'étendue d'une ligne, exécuté depuis le moment du départ du convoi jusqu'au moment de l'arrivée au point extrême, en mettant à profit la durée même du trajet sur la voie ferrée.

Parcours des bureaux ambulants.

Actuellement, le service postal ambulant comprend huit lignes. Chaque ligne est divisée en *sections*. Chaque section est généralement desservie, dans les deux sens, deux fois par jour:

1° Par des bureaux ambulants qui partent de Paris, le matin, avec les express de jour, et effectuent leur retour dans l'après-midi du lendemain;

2° Par des bureaux qui partent de Paris, le soir, avec les trains-poste de nuit, et effectuent leur retour dans la matinée du lendemain.

Les premiers sont dits *ambulants de jour* et les seconds *ambulants de nuit*.

Sur certaines sections de ligne à parcours relativement restreint, un roulement s'établit entre les brigades, de telle sorte que celle qui part de Paris en service de jour y revient en service de nuit et réciproquement.

Toutefois, en règle générale, les brigades qui fonctionnent le jour ne font que du service de jour et celles qui fonctionnent la nuit ne font que du service de nuit.

Le tableau ci-après donne la dénomination des lignes des bureaux ambulants et de leurs sections.

DÉNOMINATION DES BUREAUX AMBULANTS.	DÉNOMINATION DES BUREAUX AMBULANTS.
LIGNE DU NORD. Sections de : 　Paris à Erquelines 1°. 　Lille à Calais 1°. 　Paris à Calais 1°. 　Paris à Arras. 　Paris à Givet 1°. 　Lille à Calais 2°. 　Paris à Calais 2°. 　Paris à Givet 2°. 　Paris à Tergnier. 　Paris à Erquelines 2°. 　Maubeuge à Busigny. 　Paris à Lille. 　Paris à Valenciennes. 　Arras à Dunkerque. 　Paris à Amiens. **LIGNE DE L'EST.** Sections de : 　Paris à Épernay. 　Paris à Avricourt 1°. 　Paris à Langres. 　Paris à Avricourt. 　Paris à Châlons. 　Paris à Belfort. **LIGNE DE LYON.** Sections de : 　Paris à Dijon. 　Paris à Montargis. 　Paris à Moulins. 　Paris à Lyon 1°. 　Paris à Marseille 1°. 　Mâcon à Chambéry. 　Paris à Marseille 2°. 　Paris à Pontarlier. 　Paris à Pontarlier (annexe). 　Dijon à Besançon. 　Mâcon au Mont-Cenis. 　Paris à la Méditerranée. 　Paris à Lyon 2°. 　Paris au Creusot. 　Paris à Clermont. 　Paris à Clamecy. 　Paris à la Roche. 　Paris à Modane (le samedi).	**LIGNE DE LA MÉDITERRANÉE.** Sections de : 　Lyon à Marseille-rapide. 　Lyon à Marseille 1°. 　Lyon à Marseille 2°. 　Lyon à Marseille 3°. 　Marseille à Nice. 　Tarascon à Cette 1°. 　Tarascon à Cette 2°. 　Tarascon à Cette spécial. 　Tarascon à Cette rapide. 　Marseille à Lyon 3°. **LIGNE DU SUD-OUEST.** Sections de : 　Paris à Vendôme. 　Paris à Limoges. 　Paris à Toulouse 1°. 　Limoges à Toulouse 2°. 　Paris à Bordeaux-rapide. 　Paris à Bordeaux 1°. 　Poitiers à Bordeaux. 　Paris à Toulouse 2°. 　Limoges à Toulouse 1°. 　Paris à Agen. 　Gannat à Périgueux. 　Limoges à Agen. 　Paris aux Pyrénées. 　Paris à Bordeaux 2°. 　Paris à la Rochelle. 　Paris à Nantes. 　Nantes à Quimper. 　Paris à Montluçon. 　Paris à Orléans. **LIGNE DES PYRÉNÉES.** Sections de : 　Bordeaux à Cette-rapide. 　Bordeaux à Cette 1°. 　Bordeaux à Cette 2°. 　Bordeaux à Irun. 　Toulouse à Port-Vendres (bi-hebd.) 　Toulouse à Pau 1°. 　Toulouse à Pau 2°.

DÉNOMINATION des bureaux ambulants.	DÉNOMINATION des bureaux ambulants.

LIGNE DE L'OUEST.
Sections de :
    Versailles à Paris.
    Paris à Niort 1°.
    Paris à Niort 2°.
    Paris à Laigle.
    Paris à Rennes.
    Paris à Chartres.
    Paris à Angers.
    Paris à Brest.
    Paris à Granville.
	LIGNE DU NORD OUEST.
	Sections de :
	    Paris à Rouen.
	    Paris au Havre 1°.
	    Paris à Caen.
	    Paris à Cherbourg.
	    Serquigny à Rouen.
	    Paris au Havre 2°.

Les lignes de l'Est, du Sud-Ouest, du Nord et des Pyrénées correspondent respectivement aux réseaux des chemins de fer de l'Est, d'Orléans, du Nord et du Midi.

La ligne de Lyon correspond à la partie du réseau de Paris à Lyon et à la Méditerranée, située entre Paris et Lyon.

La ligne de la Méditerranée correspond à la partie sud du même réseau (de Lyon à Marseille).

Les lignes du Nord-Ouest et de l'Ouest se partagent le réseau de l'Ouest.

En résumé, l'ensemble du réseau postal français comprend 90 bureaux ambulants, dont le parcours quotidien (aller et retour) dépasse 51,000 kilomètres.

Une carte des bureaux ambulants de France, dressée par M. Frault, commis principal à la Direction générale des postes et des télégraphes (Division de la Comptabilité) figure à l'exposition de Chicago.

Personnel des bureaux ambulants.

Au point de vue de la direction, de la surveillance et de l'exécution du service, le personnel ambulant comprend :

Des *directeurs*, placés à la tête de chaque ligne et chefs de service ;

Des *inspecteurs*, qui exercent des fonctions de surveillance et effectuent, quand ils ne sont pas en tournée, tous les travaux sédentaires qui leur sont confiés par le directeur ;

Des *agents et sous-agents ambulants* (chefs de brigade, commis principaux et ordinaires, gardiens de bureau), qui exécutent le service de route d'une section de ligne ;

Des *agents sédentaires*, qui sont attachés à la direction de la ligne pour accélérer le travail en gare, suivant les besoins de chaque section, et qui s'acquittent, en outre, des travaux d'ordre ou d'écriture que leur confie le directeur de la ligne.

Service des courriers convoyeurs et courriers auxiliaires.

Les bureaux ambulants proprement dits, c'est-à-dire ceux qui comportent chacun une ou plusieurs brigades d'agents, ne circulent que sur les grandes lignes de chemins de fer.

Sur le réseau secondaire et les lignes d'embranchement, le service postal est assuré par des sous-agents de l'Administration, dénommés courriers convoyeurs et courriers auxiliaires, préposés au transport et à l'escorte des dépêches closes échangées entre les bureaux sédentaires situés à proximité des voies ferrées.

La plupart de ces sous-agents sont également chargés de la manipulation des lettres ordinaires et des cartes postales recueillies dans les boîtes mobiles ou à la main, à la portière de leurs compartiments, ou reçues des bureaux sédentaires, par l'entremise des courriers en service sur les chemins de fer et des entreposeurs, à l'exclusion des autres objets de correspondance et des lettres chargées ou recommandées.

Les courriers auxiliaires, comme les courriers convoyeurs, accompagnent les dépêches sur les chemins de fer et peuvent aussi être chargés d'un service de manipulation. Leurs attributions sont, de tous points, identiques à celles des courriers convoyeurs.

La seule différence entre ces deux espèces de courriers est basée sur ce fait que les courriers convoyeurs reçoivent un traitement fixe de l'Administration et ont seuls une résidence désignée par elle, tandis que les courriers auxiliaires ne reçoivent qu'une indemnité proportionnelle à la durée de leur séjour hors de leur résidence.

Les uns et les autres exécutent le service dans un compartiment de 2ᵉ classe, qui leur est spécialement réservé.

Chapitre III.

Service maritime.

De même que les bureaux ambulants ont pour fonctions de recevoir des correspondances en dernière limite d'heure, au point de départ, de recueillir des lettres, journaux, échantillons et imprimés de toute nature, à chacune des stations d'arrêt de la route qu'ils parcourent, de les travailler en chemin et de les transmettre, les paquebots-poste, qui ne sont que le prolongement indispensable des ambulants, ont pour objet de relier entre eux les ports les plus importants du globe, d'y recevoir ou d'y déposer les dépêches originaires ou à destination des contrées qu'ils desservent.

Objet du service maritime.

Le premier service maritime français fut créé sur la Manche en 1820.

Antérieurement à cette époque, les correspondances destinées aux pays d'outre-mer devaient attendre, pour quitter la France, l'appareillage de quelque bâtiment à voiles.

Régime de l'arrêté des Consuls du 19 germinal an X.

A cet effet, aux termes d'un arrêté des consuls du 19 germinal an X, tout capitaine de navire en partance, dans une ville maritime, était tenu de faire, au receveur des postes du lieu, la déclaration du port de destination de son bâtiment et de l'époque présumée de son départ. Le jour venu, les correspondances lui étaient remises, renfermées dans des boîtes ou sacs, et il recevait, pour prix de ce transport, 10 centimes par lettre et 1 centime par décagramme de papiers d'affaires, d'échantillons ou d'imprimés emportés (loi des 17-22 août 1791).

Ce mode de transmission laissait à désirer et les objets qui suivaient cette voie arrivaient lentement à destination. Il restait, dans ce sens, bien des améliorations à tenter.

En 1820, l'État commença par relier Douvres à Calais, au moyen d'une ligne de paquebots lui appartenant.

Création de services réguliers.

En 1837, des services similaires furent établis dans la Méditerranée, sur l'Égypte, Constantinople, les Échelles du Levant et la Corse.

Ces communications nouvelles imprimèrent un essor considérable aux transactions commerciales.

Une loi du 17 juin 1857 autorisa la création de services périodiques et réguliers entre la France et les trois Amériques.

L'année 1862 vit inaugurer les lignes de l'Indo-Chine et du Japon.

En 1882, une ligne de Marseille à Nouméa est inaugurée. Les relations deviennent plus fréquentes avec la Nouvelle-Calédonie, très irrégulièrement visitée jusque-là par les paquebots étrangers.

Depuis 1886, un service fonctionne entre la France et la côte orientale d'Afrique.

Enfin, 1889 marque la date de la création d'une ligne sur la côte occidentale du même continent.

Aujourd'hui, il est peu de pays qui ne soient visités par le pavillon postal de la France, et nos paquebots assurent l'acheminement des correspondances sur la plupart des points du globe.

Subventions aux compagnies maritimes.

Dans le principe, les services de la Manche et de la Méditerranée étaient effectués en régie par l'État. Mais cette exploitation, telle qu'elle fonctionnait, était devenue très onéreuse pour le Trésor. Ce motif et des considérations d'ordre économique amenèrent le Gouvernement à se prononcer pour la cession à l'industrie privée de l'ensemble des services maritimes en activité. Le système de l'exploitation en régie disparut vers 1849-1850, pour faire place au système des concessions subventionnées. Depuis, des compagnies maritimes offrant les plus sérieuses garanties sont chargées d'exécuter, moyennant une subvention déterminée par voie d'adjudication, les services dont l'État avait pris l'initiative et ceux qui ont été créés ultérieurement.

Les subventions allouées aux compagnies qui assurent le service maritime postal dépassent 25 millions par an, en y comprenant le montant des primes à la vitesse prévues par la loi du 24 juin 1883; elles se répartissent entre cinq concessionnaires, qui se partagent actuellement le réseau de nos lignes maritimes postales.

Réseaux desservis.

Le tableau ci-après indique les compagnies concessionnaires, les réseaux des-

SERVICES MARITIMES POSTAUX et compagnies concessionnaires.	LIGNES DE NAVIGATION.
Manche. (C¹ᵉ du « South-Eastern Railway » et du « London-Chatham and Dover Railway »)	De Calais à Douvres....................
États-Unis. (C¹ᵉ générale transatlantique.)	Du Havre à New-York....................

(1) Les lignes de navigation *libres*, c'est-à-dire non subventionnées par l'État, ainsi indiquées en *italiques* dans ce tableau.

servis par chacune d'elles, le parcours annuel en lieues marines, le montant des subventions et le coût moyen par lieue marine.

RÉSEAUX.		PARCOURS ANNUEL en lieues marines.	SUBVENTIONS.	TAUX MOYEN par lieue marine.
			fr. c.	
Messageries maritimes.	Méditerranée......	58,240	792,491 15	14.806
	Indo-Chine.......	208,442 2/3	6,670,144 00	32.000
	Côte orientale d'Afrique...........	52,336	1,041,920 00	19.900
	Australie.........	99,792	3,085,824 00	30.920
	Brésil et Plata.....	49,360	878,904 16	17.806
Compagnie générale transatlantique.	États-Unis........	110,482 2/3	5,480,000 00	49.600
	Antilles et Mexique.	176,032	4,478,000 00	25.440
	Algérie et Tunisie..	262,634 2/3	880,000 00	3.350
Compagnie Fraissinet et Cⁱᵉ: Corse.		50,700	355,000 00	7.000
Compagnies anglaises : Manche....		5,353 1/3	100,000 00	18.680
Chargeurs réunis et Fraissinet : côte occidentale d'Afrique..........		50,856	497,978 00	9.790
		1,124,229 1/3	24,260,261 31 (1)	22.650

(1) Non compris le montant des primes à la vitesse. (Loi du 14 juin 1883.)

Le tableau ci-dessous fait connaître les lignes de navigation des réseaux maritimes concédés, les stations ou escales desservies par chacune de ces lignes et enfin le port français d'embarquement et de débarquement des correspondances. (1)

Lignes de navigation et escales.

STATIONS DESSERVIES.	PORT D'EMBARQUEMENT et de débarquement des correspondances.
Douvres...	Calais.
New-York...	Le Havre.

que les escales desservies *facultativement*, c'est-à-dire au gré de l'entrepreneur, sont

SERVICES MARITIMES POSTAUX et compagnies concessionnaires.	LIGNES DE NAVIGATION.
Antilles, Guyane, Mexique, Amérique centrale et par correspondance **Océan pacifique.** (Cie générale transatlantique.)	De Saint-Nazaire à Colon................................. *Avec embranchement :* De Fort-de-France à Cayenne.............................. De Saint-Nazaire à la Vera-Cruz........................... Du Havre et de Bordeaux à Colon.......................... Du Havre, de Saint-Nazaire et de Bordeaux à Saint-Thomas et à Haïti.. *Avec embranchement :* De Saint-Thomas à Jacmel et à Port-au-Prince............. *De Marseille à Colon et à Port-Limon*..................... *Avec embranchement :* De Fort-de-France à Saint-Thomas.........................
Côte occidentale d'Afrique. (Cie des Chargeurs-Réunis.) (Cie marseillaise de navigation à vapeur, Fraissinet et Cie.)	Du Havre, de Cherbourg et de Bordeaux à Loango.......... *Du Havre et de Bordeaux à Loango*........................ De Marseille à Loango.................................... *De Marseille à Libreville*................................
Sénégal, Brésil et Plata. (Messageries maritimes.)	De Bordeaux à Buenos-Ayres 1°............................ De Bordeaux à Buenos-Ayres 2°............................
Algérie, Tunisie, Maroc et Tripolitaine. (Cie générale transatlantique.)	De Marseille à Alger..................................... De Marseille à Oran...................................... De Marseille à Oran et à Tanger.......................... De Marseille à Philippeville *et à Bône*.................. De Marseille à Philippeville............................. De Marseille à Bône...................................... De Marseille à Bône, par Ajaccio......................... De Marseille à Tunis et à Tripoli de Barbarie............ De Marseille à Tunis..................................... De Marseille à Tunis, à Malte et à Tripoli de Barbarie... De Port-Vendres à Alger.................................. De Port-Vendres à Oran................................... D'Alger à Bône et à Tunis................................

STATIONS DESSERVIES.	PORT D'EMBARQUEMENT et de débarquement des correspondances
Pointre-à-Pitre, Basse-Terre, Saint-Pierre, Fort-de-France, la Guayra, Porto Cabello, Savanilla, Colon............................	Saint-Nazaire.
Sainte-Lucie, la Trinidad, Demerari, Surinam, Cayenne.......... Santander, la Havane, la Vera-Cruz............................	Saint-Nazaire.
Santander, Pointe-à-Pitre, Basse-Terre, Saint-Pierre, Fort-de-France, la Trinidad, Carupano, la Guayra, Porto-Cabello, Savanilla, Colon. Saint-Thomas, Saint-Jean-de-Porto-Rico, Porto-Plata, Cap-Haïtien, Port-au-Prince..	Bordeaux. Bordeaux.
Ponce, Mayaguez, Santo-Domingo, Jacmel, Port-au-Prince......... Barcelone, Malaga, Fort-de-France, la Trinidad, Carapano, la Guayra, Porto-Cabello, Carthagène, Colon, Port-Limon................. Saint-Pierre, Pointe-à-Pitre, Basse-Terre, Saint-Thomas...........	Marseille.
Sainte-Croix (Ténériffe), Dakar, Conakry, Sierra-Leone, Grand-Bassam, Cotonou, Libreville, Cap Lopez, Loango......................	Bordeaux.
Sainte-Croix (Ténériffe), Dakar, Conakry, Sierra-Leone, Grand-Bassam, Cotonou, Libreville, Cap Lopez, Loango......................	Bordeaux.
Oran, las Palmas, Dakar, Conakry, Grand-Bassam, Cotonou, Libreville, Loango...	Marseille.
Las Palmas, Dakar, Conakry, Sierra-Leone, Libreville.............	Marseille.
Lisbonne, Dakar, Rio-de-Janeiro, Montevideo, Buenos-Ayres.......	Bordeaux.
Lisbonne, Dakar, Pernambuco, Bahia, Rio-de-Janeiro, Montevideo, Buenos-Ayres...	Bordeaux.
Alger..	Marseille.
Oran...	Marseille.
Oran, Nemours, Melilla, Malaga, Gibraltar, Tanger	Marseille.
Philippeville, Bône...	Marseille.
Philippeville..	Marseille.
Bône...	Marseille.
Ajaccio, Bône..	Marseille.
Tunis, Sousse, Monastier, Madhia, Sfax, Gabès, Djerba, Tripoli de Barbarie...	Marseille.
Tunis..	Marseille.
Tunis, Malte, Tripoli de Barbarie................................	Marseille.
Alger..	Port-Vendres.
Oran, et par quinzaine Carthagène...............................	Port-Vendres.
Dellys, Bougie, Djidjelli, Collo, Philippeville, Bône, la Calle, Tabarka, Bizerte, Tunis...	Marseille.

SERVICES MARITIMES POSTAUX et compagnies concessionnaires.	LIGNES DE NAVIGATIONS.
Obock, Bombay, Zanzibar, Madagascar, la Réunion et Maurice. (Messageries maritimes.)	De Marseille à la Réunion et à Maurice................... *Avec embranchement :* D'Aden à Bombay............................
Réunion, Madagascar, Maurice, Australie et Nouvelle-Calédonie. (Messageries maritimes.)	De Marseille à Nouméa........................... *Avec embranchement :* De Mahé à la Réunion et à Maurice...................
Égypte, Indes, Cochinchine, Tonkin, Chine et Japon. (Messageries maritimes.)	De Marseille à Yokohama............................ *Avec embranchements :* I. — De Singapore à Batavia........................ II. — De Colombo à Calcutta........................
Levant, Égypte et Syrie. (Messageries maritimes.)	De Marseille à Smyrne et à Alexandrie. (*Circulaire A.*)....... *De Marseille à Constantinople et à Batoum*................ De Marseille à Alexandrie et à Smyrne. (*Circulaire B.*)....... *De Marseille à Constantinople et à Odessa*.................
Corse. (Cie marseillaise de navigation à vapeur, Fraissinet et Cie.)	De Marseille à Ajaccio et à Propriano.................... De Nice à Ajaccio et à Porto-Torrès..................... *Avec prolongements :* I. D'Ajaccio à Propriano........................... II. D'Ajaccio à Bonifacio........................... De Marseille à Bastia et à Livourne..................... De Marseille, Toulon, Nice à Bastia et à Livourne........... De Marseille à Calvi et à l'Île-Rousse...................

STATIONS DESSERVIES.	PORT d'embarquement et de débarquement des correspondances.
Port-Saïd, Suez, Obock, Aden, Zanzibar, Mayotte, Nossi-Bé, Diego-Suarez, Sainte-Marie, Tamatave, la Réunion, Maurice.......... Kurrachee, Bombay.................................	Marseille.
Port-Saïd, Suez, Aden, Mahé des Seychelles, King George's Sound, Adélaïde, Melbourne, Sydney, Nouméa..................... La Réunion, Maurice................................	Marseille.
Alexandrie, Port-Saïd, Suez, Aden, Colombo, Singapore, Saïgon, Hong-Kong, Shang-Haï, Kobé, Yokohama.................... Batavia...	Marseille.
Pondichéry, Madras, Calcutta............................	Marseille.
Le Pirée, Salonique, Smyrne, *Vathy, Larnaca, Mersina, Alexandrette, Lattaquié, Tripoli de Syrie*, Beyrouth, Jaffa, Port-Saïd, Alexandrie.. *Calamata, Syra, Dardanelles, Constantinople, Samsoun, Kerasunde, Trébizonde, Batoum*................................	Marseille.
Alexandrie, Port-Saïd, Jaffa, Beyrouth, *Tripoli de Syrie, Lattaquié, Alexandrette, Mersina, Larnaca, Vathy*, Smyrne, Salonique, le Pirée. *Le Pirée, Smyrne, Dardanelles, Constantinople, Odessa*............	Marseille.
Ajaccio, Propriano...................................	Marseille.
Ajaccio, Porto-Torrès.................................	Nice.
Propriano..	*Nice.*
Bonifacio...	Nice.
Bastia, Livourne....................................	Marseille.
Bastia, Livourne....................................	Nice.
Calvi, l'Île-Rousse, ou l'Île-Rousse, Calvi. (*Alternativement*)........	Marseille.

M. JACCOTTEY, sous-chef de bureau à la Division de l'Exploitation postale, et M. MABYRE, commis, ont publié un Atlas très estimé des services maritimes postaux. (*Ch. Delagrave, 15, rue Soufflot, à Paris, libraire-éditeur.*)

Il existe, en outre, une *Carte des communications postales maritimes du globe*, dressée par M. Audry, commis à la Direction générale des postes et des télégraphes.

Aucun paquebot n'est admis à faire le service, s'il n'a été préalablement soumis à des essais réglementaires.

Commissions de surveillance. — Une commission permanente de surveillance, composée de personnes appartenant à la marine militaire, aux administrations publiques et au commerce, est constituée dans chaque port tête de ligne. Elle prononce sur toutes les décisions dont l'entrepreneur croirait devoir appeler devant elle.

Commissaires du gouvernement et agents des postes à bord. — L'exécution du service est placée sous le contrôle de *commissaires du Gouvernement* en résidence dans les ports d'attache et d'agents des postes placés à à bord des paquebots.

Ces derniers, auxquels sont confiés la réception, la conservation et la transmission des dépêches, sont chargés, en outre, de surveiller, en cours de voyage, l'exécution du cahier des charges.

Ils ont un caractère officiellement reconnu par le personnel des équipages maritimes, ainsi qu'une autorité exclusive pour la réception et l'acheminement des dépêches qui leur sont confiées.

Rapport de voyage. — Ils consignent sur un rapport spécial, transmis à l'Administration à l'issue de chaque voyage, les incidents de la navigation, relatent particulièrement tout ce qui parait de nature à intéresser le service des correspondances et font connaître l'exécution effective du service, notamment la durée de la traversée d'aller et de retour, des séjours dans les escales, le nombre de milles parcourus, la vitesse moyenne obtenue par le paquebot, l'avance et le retard.

Tableau présentant le rapport entre la population et le nombre des bureaux de poste existant dans chaque département.

DÉPARTEMENTS.	POPULATION.	NOMBRE de BUREAUX.	NOMBRE MOYEN D'HABITANTS desservis par bureau.
Ain	356,907	83	4,300
Aisne	545,493	142	3,841
Allier	424,382	84	5,052
Alpes (Basses-)	124,285	49	2,536
Alpes (Hautes-)	115,522	41	2,817
Alpes-Maritimes	258,571	62	4,170
Ardèche	371,269	69	5,380
Ardennes	324,923	76	4,275
Ariège	227,491	51	4,460
Aube	255,548	70	3,650
Aude	317,372	89	3,565
Aveyron	400,467	88	4,550
Bouches-du-Rhône	630,622	88	7,166
Calvados	428,945	110	3,899
Cantal	239,601	56	4,278
Charente	360,259	67	5,377
Charente-Infér^{re}	456,202	91	5,013
Cher	359,276	69	5,206
Corrèze	328,119	57	5,756
Corse	288,596	73	3,953
Côte-d'Or	376,866	90	4,187
Côtes-du-Nord	618,652	84	7,364
Creuse	284,660	62	4,591
Dordogne	478,471	102	4,690
Doubs	303,081	83	3,651
Drôme	306,419	78	3,928
Eure	349,471	87	4,016
Eure-et-Loir	284,683	64	4,448
Finistère	727,012	72	10,097
Gard	419,388	94	4,461
Garonne (Haute-)	472,383	91	5,191
Gers	261,084	72	3,626
Gironde	793,528	163	4,868
Hérault	461,651	101	4,570
Ille-et-Vilaine	626,875	89	7,043
Indre	292,868	59	4,963
Indre-et-Loire	337,298	95	3,550
Isère	572,145	116	4,932
Jura	273,028	76	3,592
Landes	297,842	90	3,309
Loir-et-Cher	280,358	83	3,377
Loire	616,227	74	8,327

DÉPARTEMENTS.	POPULATION.	NOMBRE de BUREAUX.	NOMBRE MOYEN D'HABITANTS desservis par bureau.
Loire (Haute-)	316,735	55	5,758
Loire-Inférieure	645,263	117	5,515
Loiret	377,718	88	4,292
Lot	253,885	57	4,454
Lot-et-Garonne	295,360	76	3,886
Lozère	135,527	40	3,388
Maine-et-Loire	518,589	90	5,762
Manche	513,815	91	5,646
Marne	434,692	96	4,528
Marne (Haute-)	243,533	68	3,581
Mayenne	332,387	68	4,888
Meurthe-et-Moselle	444,150	78	5,694
Meuse	292,253	71	4,116
Morbihan	544,470	68	8,006
Nièvre	343,581	78	4,404
Nord	1,736,341	179	9,700
Oise	401,835	109	3,686
Orne	354,387	93	3,810
Pas-de-Calais	874,364	118	7,409
Puy-de-Dôme	564,266	92	6,133
Pyrénées (Basses-)	425,027	86	4,942
Pyrénées (Hautes-)	225,861	48	4,703
Pyrénées-Orientales	210,125	55	3,820
Rhône	806,737	83	9,719
Saône (Haute-) Territoire de Belfort	364,526	83	4,391
Saône-et-Loire	619,523	109	5,683
Sarthe	429,737	82	5,240
Savoie	263,297	57	4,619
Savoie (Haute-)	268,267	64	4,191
Seine	3,151,595	179	17,628
Seine-Inférieure	839,876	116	7,240
Seine-et-Marne	356,709	114	3,129
Seine-et-Oise	628,590	201	3,127
Sèvres (Deux-)	354,282	59	6,004
Somme	546,495	112	4,879
Tarn	346,739	59	5,876
Tarn-et-Garonne	206,596	48	4,304
Var	288,336	90	3,203
Vaucluse	235,411	71	3,315
Vendée	442,355	83	5,329
Vienne	344,355	77	4,472
Vienne (Haute-)	372,878	69	5,404
Vosges	410,196	84	4,883
Yonne	344,688	111	3,105
TOTAUX	38,343,192	7,312	5,243

Tableau présentant le rapport entre la superficie et le nombre des bureaux de poste existant dans chaque département.

DÉPARTEMENTS.	SUPERFICIE en KILOMÈTRES CARRÉS.	NOMBRE de BUREAUX.	SUPERFICIE MOYENNE par bureau de poste.
Ain	5,799	83	69.86
Aisne	7,352	142	51.77
Allier	7,308	84	87.00
Alpes (Basses-)	6,954	49	141.91
Alpes (Hautes-)	5,590	41	136.34
Alpes-Maritimes	3,750	62	60.48
Ardèche	5,527	69	80.10
Ardennes	5,233	76	68.85
Ariège	4,894	51	95.96
Aube	6,001	70	85.72
Aude	6,313	89	70.93
Aveyron	8,743	88	99.35
Bouches-du-Rhône	5,105	88	58.01
Calvados	5,521	110	50.19
Cantal	5,741	56	102.51
Charente	5,942	67	88.68
Charente-Inférieure	6,826	91	75.01
Cher	7,199	69	104.33
Corrèze	5,866	57	102.91
Corse	8,799	73	120.53
Côte-d'Or	8,761	90	97.34
Côtes-du-Nord	6,886	84	81.97
Creuse	5,568	62	89.80
Dordogne	9,183	102	90.02
Doubs	5,228	83	62.98
Drôme	6,522	78	83.61
Eure	5,958	87	68.48
Eure-et-Loir	5,874	64	91.78
Finistère	6,721	72	93.34
Gard	5,836	94	62.08
Garonne (Haute-)	6,290	91	69.12
Gers	6,280	72	87.22
Gironde	9,740	163	59.75
Hérault	6,198	101	61.36
Ille-et-Vilaine	6,726	89	75.57
Indre	6,795	59	115.16
Indre-et-Loire	6,114	95	64.35
Isère	8,289	116	71.45
Jura	4,994	76	65.71
Landes	9,321	90	103.56
Loir-et-Cher	6,351	83	76.51
Loire	4,760	74	64 32

DÉPARTEMENTS.	SUPERFICIE en KILOMÈTRES CARRÉS.	NOMBRE de BUREAUX.	SUPERFICIE MOYENNE par bureau de poste.
Loire (Haute-)	4,962	55	90.21
Loire-Inférieure	6,875	117	58.76
Loiret	6,771	88	76.94
Lot	5,212	57	91.43
Lot-et-Garonne	5,354	76	70.44
Lozère	5,170	40	129.25
Maine-et-Loire	7,121	90	79.12
Manche	5,928	91	65.14
Marne	8,180	96	85.20
Marne (Haute-)	6,220	68	91.47
Mayenne	5,171	68	76.04
Meurthe-et-Moselle	5,232	78	67.07
Meuse	6,228	71	87.71
Morbihan	6,798	68	99.97
Nièvre	6,817	78	87.39
Nord	5,681	179	31.73
Oise	5,855	109	53.71
Orne	6,097	93	65.55
Pas-de-Calais	6,606	118	55.98
Puy-de-Dôme	7,950	92	86.41
Pyrénées (Basses-)	7,623	86	88.63
Pyrénées (Hautes-)	4,529	48	94.35
Pyrénées-Orientales	4,122	55	74.94
Rhône	2,790	83	33.61
Saône (Haute-) Belfort (Territoire de)	5,950	83	71.68
Saône-et-Loire	8,552	109	78.45
Sarthe	6,207	82	75.69
Savoie	5,810	57	101.92
Savoie (Haute-)	4,667	64	72.92
Seine	475	179	2.66
Seine-et-Marne	6,035	116	52.02
Seine-et-Oise	5,736	114	50.31
Seine-Inférieure	5,604	201	27.88
Sèvres (Deux-)	6,000	59	101.69
Somme	6,161	112	55.00
Tarn	5,742	59	97.32
Tarn-et-Garonne	3,720	48	77.50
Var	6,036	90	67.06
Vaucluse	3,548	71	49.97
Vendée	6,703	83	80.75
Vienne	6,970	77	90.51
Vienne (Haute-)	5,517	69	79.95
Vosges	5,863	84	69.79
Yonne	7,428	111	66.91
Totaux	528,876	7,312	72.32

Imprimerie Nationale. — 3-125-93.

Printed by Libri Plureos GmbH in Hamburg, Germany